생활과학 계열
공학 계열

파티시에
변리사

적성과 진로를 짚어 주는
직업 교과서 31

파티시에&변리사

1판 1쇄 발행 | 2013. 8. 16.
1판 5쇄 발행 | 2017. 9. 22.

와이즈멘토 글 | 남상혁 그림

발행처 김영사 | **발행인** 고세규
등록번호 제 406-2003-036호 | **등록일자** 1979. 5. 17.
주소 경기도 파주시 문발로 197(우10881)
전화 마케팅부 031-955-3100 | **편집부** 031-955-3113~20 | **팩스** 031-955-3111

ⓒ 2013, 와이즈멘토

값은 표지에 있습니다.
ISBN 978-89-349-6002-7 74080
ISBN 978-89-349-5971-7 (세트)

좋은 독자가 좋은 책을 만듭니다. 김영사는 독자 여러분의 의견에 항상 귀 기울이고 있습니다.
독자의견전화 031-955-3139 | 전자우편 book@gimmyoung.com | 홈페이지 www.gimmyoungjr.com
어린이들의 책놀이터 cafe.naver.com/gimmyoungjr | 드림365 cafe.naver.com/dreem365

어린이제품 안전특별법에 의한 표시사항
제품명 도서 제조년월일 2017년 9월 22일 제조사명 김영사 주소 10881 경기도 파주시 문발로 197
전화번호 031-955-3100 제조국명 대한민국 ⚠주의 책 모서리에 찍히거나 책장에 베이지 않게 조심하세요.

적성과 진로를 짚어 주는
직업 교과서 31

생활과학 계열
공학 계열

파티시에
변리사

와이즈멘토 글 | 남상혁 그림

주니어김영사

- 머리말_진로성숙도를 높여라!…10
- 진로 교육의 목표 & 이 책의 구성과 활용법…12

파티시에

Step 1 파티시에 이야기…18

Step 2 역사 속 직업 이야기…20

Step 3 파티시에는 어떤 사람일까?…22
★돌발퀴즈…23

Step 4 파티시에는 무슨 일을 할까?…24
★돌발퀴즈…27
★제과업계의 피카소, 피에르 에르메…28
★쇼콜라티에…29

직업 일기_파티시에의 하루…30

Step 5 파티시에의 좋은 점 vs 힘든 점…32
★돌발퀴즈…33

Step 6 파티시에는 어떤 능력이 필요할까?…34
★돌발퀴즈…35

Step 7 파티시에가 되기 위한 과정은?…36
★돌발퀴즈…37
직업 사전, 적합도 평가…38

Step 8 교사와 학부모를 위한 가이드
적성&진로 지도…40
직업 체험 활동…42

변리사

Step 1	변리사 이야기…46
Step 2	역사 속 직업 이야기…48
Step 3	변리사는 어떤 사람일까?…50 ★돌발퀴즈…51
Step 4	변리사는 무슨 일을 할까?…52 ★돌발퀴즈…55 ★특허 소송의 종류…56 ★지적 재산권의 종류…57 직업 일기_변리사의 하루…58
Step 5	변리사의 좋은 점vs힘든 점…60 ★돌발퀴즈…61
Step 6	변리사는 어떤 능력이 필요할까?…62 ★돌발퀴즈…63
Step 7	변리사가 되기 위한 과정은?…64 ★돌발퀴즈…65 직업 사전, 적합도 평가…66
Step 8	교사와 학부모를 위한 가이드 적성＆진로 지도…68 직업 체험 활동…70 •돌발퀴즈 정답…72

머리말

진로성숙도를 높여라!

　진로 교육에서 가장 중요한 개념 중 하나가 '진로성숙도'입니다. 자신의 적성을 찾고, 그 적성이 잘 드러나는 직업 분야에 도달하는 과정을 설계하기 위해 필요한 요소들을 잘 알고 있는 정도를 '진로성숙도'라고 합니다.
　예를 들어 볼까요?
　초등학생인 A학생에게 꿈을 물어봤더니 '과학자'라고 답을 합니다. 중학생이 된 A학생에게 다시 꿈을 물었더니 이번에도 '과학자'라고 합니다. 고등학교로 진학한 A학생에게 꿈이 뭐냐고 물으니 여전히 '과학자'라고 답을 합니다. 이런 A학생은 일관된 꿈을 가지고 있다고 말은 하지만 사실은 진로성숙도가 높아지지 않는 상태입니다.
　그렇다면 어떤 것이 진로성숙도가 높은 것일까요?
　B학생에게 물어봤습니다. 초등학교 때 '과학자'라고 답을 합니다. 중학교 때는 '과학자가 되고 싶은데 핵물리학자'가 꿈이라고 이야기를 합니다. 고등학교 때는 '핵물리학자가 되어서 미국 NASA와 같은 곳에서 연구를 하고 싶다'라고 말을 합니다. 이렇게 점점 시간이 지날수록 꿈을 구체화하는 능력이 바로 진로성숙도입니다.

많은 대학생이 명문 대학을 다니면서도 뭘 해야 될지 모르겠다고 합니다. 이렇게 방황하는 이유는 대부분의 학생들이 학습 능력은 키워 왔지만 진로성숙도는 키워 오지 않았기 때문입니다. 학부모나 교사들이 공부만을 강조했던 것이 아이의 행복에 오히려 독이 된 셈이지요.

진로성숙도를 높이려면 다양한 직업에 대해서 알아보고, 각 직업에 대하여 나이에 맞게 조금 더 깊이 탐색해 보는 활동이 필요합니다. 그 활동을 가장 적합하게 도와주는 것이 바로 〈적성과 진로를 짚어 주는 직업 교과서〉 시리즈입니다. 이 시리즈가 우리 아이들이 보다 넓고 깊은 지식을 얻어 행복을 설계하는 능력을 갖추는 데 도움이 되기를 바랍니다.

와이즈멘토 대표이사

조진표

진로 교육의 목표 &
이 책의 구성과 활용법

교육 과정에서 진로 교육의 목표는 '긍정적인 자아 개념을 형성하고 진로 탐색과 계획 및 준비를 위한 기초 소양을 기르는 단계'입니다. 즉, 현명한 진로 선택을 위해 자신감을 가지고 다양한 직업을 알아보며 꿈을 키워 가는 시기라는 말이지요. 무한한 가능성이 있는 시기이므로 많은 직업을 탐색하면서 좀 더 구체적으로 '나의 꿈, 나의 목표 직업'이 무엇인지 생각해 보는 것이 중요합니다.

교육부에서는 관심 있는 직업을 열 가지 이상 고르고 다양한 방법으로 정보를 수집해서 하는 일, 되는 방법 등 구체적인 정보가 담긴 직업 사전을 만들어 볼 것을 권장하고 있습니다.

더불어 꿈을 실현하기 위해 도움이 되는 과목이 무엇인지 알아보고, 체계적인 학습 계획을 세우고 공부 습관을 길러 나가는 것도 중요합니다.

초등~중학교에서 성취해야 할 진로 교육의 목표는 다음과 같습니다.

(교육부)

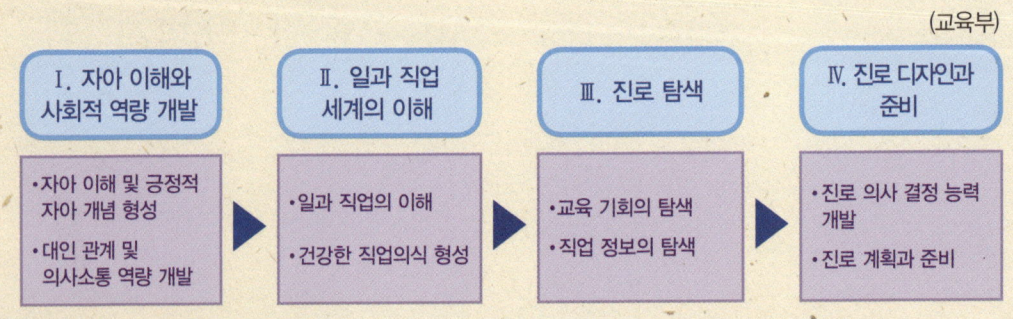

〈적성과 진로를 짚어 주는 직업 교과서〉는 진로 교육 목표에 맞춰, 초등학교와 중학교 과정에서 알아야 할 직업 정보를 직업 소개와 활동을 통해 자기 주도적으로 탐색할 수 있도록 구성했습니다.

❶ 진로 정보 탐색을 위한 본문 구성

Step 1·2 이야기	직업에 대한 호기심을 가질 수 있도록 한다.
Step 3 어떤 사람일까?	직업의 정의에 대해 알 수 있다.
Step 4 무슨 일을 할까?	직업이 갖는 다양한 역할에 대해 알 수 있다.
Step 5 좋은 점 vs 힘든 점	직업의 좋은 점과 힘든 점에 대해 알 수 있다.
Step 6 어떤 능력이 필요할까?	직업을 갖기 위해 필요한 능력들에 대해 알 수 있다.
Step 7 되기 위한 과정은?	중·고등학교, 대학교 과정 등 최종 목표 직업에 도달하기 위한 경로를 알 수 있다.

❷ 진로 디자인과 준비를 위한 본문 구성

Step 7 직업 사전	도서를 통해 탐색한 진로 정보를 바탕으로, 직업 사전을 구성할 수 있다.
Step 7 적합도 평가	직업에 대한 이해를 바탕으로 나에게 적합한 직업인지를 평가해서, 의사 결정을 내릴 수 있다.

❸ 학부모와 교사를 위한 본문 구성

Step 8 교사와 학부모를 위한 가이드 적성&진로 지도	해당 직업을 갖기 위해 도움이 되는 관련 교과목, 교과 외 활동을 소개하여 학습과 활동 설계에 도움을 받을 수 있다.
Step 8 직업 체험 활동	직업 체험 활동에 대한 정보를 얻을 수 있다.

〈적성과 진로를 짚어 주는 직업 교과서〉에는 다양한 활동이 들어 있습니다. 다음과 같이 활용해 보세요.

★직업 사전

아 직업이 나와 잘 맞는지 판단하기 위해서는 먼저 직업에 대해 충분히 이해하는 것이 중요합니다. 열심히 책을 읽고 난 후, 직업 사전의 빈칸을 채워 보면서, 자신이 직업에 대해 잘 이해했는지 점검해 보세요.

★직업 적합도 평가

직업에 대해 이해했다면 그 직업이 자신과 잘 맞는지 아닌지를 판단해야 합니다. 나와 직업이 얼마나 잘 맞는지 점검해 볼 수 있는 적합도 평가가 있습니다. 직업 사전의 항목을 꼼꼼하게 읽어 본 뒤에 자신과 잘 맞는지 아닌지 정도에 따라 별을 색칠해 보세요. 별의 개수로 점수를 매기고, 평가 기준표를 통해 자신과 직업의 적합도를 확인해 보세요.

★Tip

Tip은 본문의 내용을 잘 이해할 수 있도록 도와주는 역할을 합니다. 이해하기 어려운 단어를 쉽게 설명해 주기도 하고, 직업을 이해하는 데 같이 알아 두면 좋은 정보들이 들어 있습니다. Tip의 내용은 공부할 때 도움이 되는 배경지식이므로 그냥 넘어가지 말고, 꼼꼼하게 읽어 보세요.

★돌발퀴즈

책을 그냥 쭉 읽고, 나중에 직업 사전의 빈칸을 채우려면 어렵겠죠? 그래서 본문 중간중간에 중요한 내용들을 확인해 주는 돌발퀴즈가 있습니다. 처음에는 문제만 보고 답을 한번 맞혀 보세요. 잘 모르겠으면 다시 본문으로 돌아가 내용을 차근차근 읽어 보세요. 돌발퀴즈의 정답은 책의 맨 뒷장에 있습니다.

★교사와 학부모를 위한 적성 & 진로 가이드

교사와 학부모가 진로 지도를 할 때, 꼭 알아 두어야 하는 내용입니다. 아이들이 직업에 관심을 보일 때 어떻게 직업을 이해하도록 해야 하는지, 직업에 대해 아이들이 제대로 이해하고, 준비하기 위해서는 어떤 활동을 해야 하는지가 상세히 설명되어 있습니다.

더불어 학습 설계의 중점 과목을 통해 앞으로 어떤 과목을 중점적으로 공부해야 할지 확인하고, 학교에서 어떤 활동을 하도록 지도하면 좋은지 확인해 보세요. 아이와 함께하는 직업 체험 활동에서는 주말이나 방학을 이용해 할 수 있는 직업 체험 활동들을 자세히 소개하고 있습니다. 꼭 활용해 보세요.

자, 지금까지 진로 교육의 목표를 확인하고 책이 어떻게 구성되어 있고 어떻게 활용하는지 살펴보면서 직업 탐색을 위한 준비를 마쳤습니다. 그럼 본격적으로 직업 탐색을 위한 여행을 떠나 볼까요?

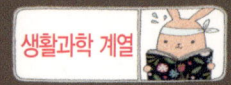생활과학 계열

파티시에

Step 1

파티시에 이야기

아침 일찍 빵집을 지나가 본 적이 있나요? 막 구워져 나온 맛있는 빵 냄새와 가지런히 놓인 예쁜 모양의 빵들을 보면 군침이 절로 나옵니다. 맛있는 빵을 구경하다 보면 누가 이 빵을 만들었을지 궁금해져요. 사람들을 위해 이른 새벽부터 맛있는 빵을 만드는 사람, 파티시에에 대해 알아볼까요?

생크림 케이크를 만드는 모습

아침마다 제과점에 진열할
빵을 만드는 파티시에

케이크에 초콜릿 장식을 하는 파티시에

Step 2

역사 속 직업 이야기

도구와 함께 등장한 빵의 역사

우리가 먹는 맛있는 빵은 언제 처음 만들어졌을까요? 빵의 역사는 6000년 전으로 거슬러 올라갑니다. 6000년 전 가축을 데리고 유목 생활을 하던 유목민은 석기 시대에 밀을 발견하고 재배하면서 정착 생활을 시작했습니다. 처음에는 밀을 어떻게 먹는지 몰라서 알갱이 그대로 먹었어요. 그러다 도구를 사용하면서 밀을 가루로 만들어 먹었지요. 이렇게 생겨난 밀가루에 물을 섞어 반죽한 뒤 뜨거운 돌판에 구워 먹으면서부터 빵의 역사가 시작되었습니다.

초창기의 빵은 인도의 전통 빵인 납작하고 넓은 '난'과 비슷한 모양이었습니다. 오늘날처럼 둥그렇게 부푼 빵은 기원전 2000년경 이집트에서 처음 만들었어요. 우연히 남겨 둔 반죽을 구워 먹었는데, 그사이 반죽이 발효되어 빵이 더 크고 부드럽게 부풀었지요. 발효는 미생물이 가지고 있는 효소를 이용해 사람에게 유용한 물질을 얻어 내는 과정을 말해요. 이때부터 사람들은 자연 발효한 발효 빵을 먹기 시작했습니다.

 이집트 인의 주식으로 자리 잡은 발효 빵은 그리스로 전해졌고, 그리스를 통해 로마까지 전해졌습니다. 로마가 멸망한 후 기독교가 유럽으로 퍼지면서 제빵 기술도 함께 퍼졌어요. 또한 귀족만 누리던 빵 문화가 점차 일반 대중에게도 알려지면서 다양한 제빵 기술이 생겼습니다. 그 덕분에 유럽 국가마다 특색 있는 빵들이 탄생했어요.

 쌀이 주식인 동양에서는 언제 빵 문화를 받아들였을까요? 빵이 동양에 처음 소개된 것은 약 450년 전이었습니다. 당시 일본과 무역하던 포르투갈을 통해 동양에 빵이 전해졌지요. 우리나라에는 조선 시대 말 선교사들이 처음으로 빵을 전해 주었습니다. 이후 빵은 천천히 퍼져 나갔고, 이제는 주식으로 빵을 먹을 만큼 우리나라의 식문화 속에 깊숙이 자리 잡았답니다.

 빵의 기나긴 역사를 살펴보니 오늘날 우리가 손쉽게 만나는 맛있는 빵들이 더욱 귀하게 느껴집니다. 이처럼 귀하고 맛있는 빵을 매일매일 만들어 주는 파티시에를 만나러 가 볼까요?

Step 3 파티시에는 어떤 사람일까?

맛 좋은 빵과 과자를 만드는 사람

제과사 혹은 제빵사라고 불리는 파티시에는 우리가 먹는 빵, 케이크, 쿠키, 파이 등을 다양한 방식으로 만들고 먹음직스럽게 장식과 포장을 하는 사람입니다. 빵을 만든 후에는 제과점에서 직접 판매하거나, 카페나 백화점에 납품하기도 합니다.

파티시에의 주 업무는 손님이 원하는 빵과 과자를 만드는 일입니다. 좋은 재료를 골라 반죽한 뒤 발효하거나 숙성시켜서 제품을 만들지요. 쌀이 주식인 우리나라에서는 그동안 파티시에라는 직업이 조금 낯설었지만, 최근 빵에 대한 관심이 날로 높아지면서 파티시에의 인지도도 높아졌습니다. 게다가 드라마나 영화에 파티시에가 여러 번 소개되면서 누구나 한 번쯤 꿈꾸는 멋진 직업이 되었지요.

요즘에는 많은 사람이 파티시에를 꿈꿉니다. 파티시에는 항상 새롭고 사람들이 좋아할 만한 맛있는 빵을 만들기 위해 노력해요. 그 덕분에 우리는 더욱 다양하고 새로운 빵을 맛보게 되었답니다.

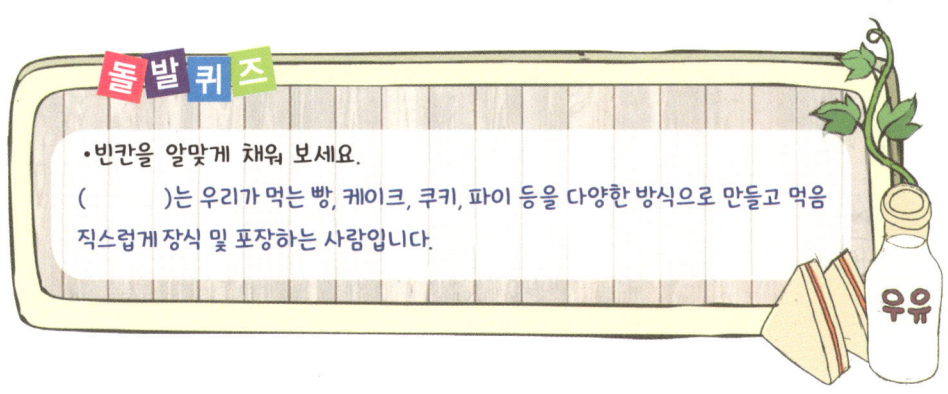

돌발퀴즈

- 빈칸을 알맞게 채워 보세요.

( )는 우리가 먹는 빵, 케이크, 쿠키, 파이 등을 다양한 방식으로 만들고 먹음직스럽게 장식 및 포장하는 사람입니다.

새로운 디저트를 개발하기 위해 한자리에 모인 파티시에들

Step 4
파티시에는 무슨 일을 할까?

파티시에는 빵이나 디저트와 같은 간식을 만드는 요리사입니다. 주로 오븐을 이용해 빵과 과자류를 만들지요. 요즘에는 많은 사람이 주식으로 빵을 먹기 때문에 파티시에는 건강에 좋은 빵을 만들기 위해 노력합니다. 그 밖에도 무슨 일을 하는지 자세히 알아볼까요?

고객에게 사랑받는 빵과 과자를 만들어요

파티시에의 업무 중 가장 중요한 일은 고객을 위해 맛있는 빵과 과자를 만드는 것입니다. 파티시에는 맛있고 건강에도 좋은 빵을 만들기 위해 재료에 들어가는 영양소까지 고려해서 빵을 만듭니다. 고객의 연령층과 특징도 생각해야 해요. 성장기인 청소년을 위해서는 우유를 넣어 고소하며 칼슘이 풍부한 빵을 만들고, 체중을 조절하는 사람을 위해서는 담백하고 칼로리가 적은 빵을 만들지요. 이처럼 제과·제빵 분야 역시 다른 분야와 마찬가지로 유행에 민감하기 때문에 항상 고객이 원하는 것이 무엇인지 파악해 빵과 과자를 만들어야 합니다.

혹시 여러분은 베이글이라는 빵을 아나요? 베이글은 도넛 모양의 반죽을 끓는 물에 한 번 데쳐서 굽는 빵입니다. 겉은 단단하지만 속은 쫄깃하고 맛이 담백해서 약 2000년 전부터 많은 사람에게 사랑받던 빵입니다. 그런데 이 빵은 몇 년 전만 해도 우리나라에서 보기 어려웠어요. 그러다가 고객에게 사랑받는 빵을 내놓기 위해 고민하던 파티시에가 외국에서 인기를 끌던 이 빵을 우리나라에 소개했지요. 그 덕분에 베이글은 이제 어느 빵집에 가도 만날 수 있는 대중적인 빵이 되었습니다. 사람들에게 사랑받는 맛있는 빵을 만들려면 이런 식문화의 변화도 빠르게 받아들여야겠지요?

다양한 빵을 개발해요

아마 여러분은 제과점에 갈 때마다 전에 없던 새로운 빵과 과자가 진열된 모습을 보았을 거예요. 이처럼 빵과 과자가 매일매일 새롭게 개발되는 이유는 무엇일까요?

고객은 언제나 기존에 먹던 빵, 과자와는 다른 새로운 제품이 나오기를 원합니다. 이러한 고객의 욕구를 채워 주기 위해 제과 회사에서 일하는 파티시에는 주로 신제품을 개발해요. 새로 만들 빵의 씹는 느낌과 맛 등을 고려해 다양한 재료를 고른 뒤 재료의 조합을 다르게 해서 몇 번이고 빵을 구워 가장 좋은 맛을 찾아냅니다. 우리가 가게에서 사 먹는 빵과 과자는 이처럼 많은 노력 끝에 탄생한 제품이랍니다.

▎제과점을 관리하고 운영해요

큰 호텔 등에서 일하는 파티시에는 디저트에 해당하는 빵과 과자만을 만들지만 작은 제과점에서 일하는 파티시에는 빵과 과자를 만드는 일뿐만 아니라 직접 판매도 합니다. 아침에는 빵을 만들고 낮에는 판매 및 매장 관리를 하며 제과점을 운영하지요.

요즘은 골목마다 하나씩 빵집이 있을 만큼 빵집이 많아졌기 때문에 경쟁이 치열합니다. 그래서 빵집의 홍보와 마케팅 등 파티시에가 신경 써야 할 부분이 많아졌습니다.

▎디저트를 만들어서 카페에 납품해요

카페에 가 보면 음료와 함께 간단히 먹을 수 있는 쿠키, 케이크, 샌드위치 등을 많이 판매합니다. 이 음식들은 카페 직원이 직접 만들기도 하지만 전문가인 파티시에에게 만들어 달라고 부탁하기도 해요. 그럼 파티시에는 카페의 음료와 어울리는 쿠키와 케이크 등을 만들어서 카페에 납품합니다.

제과 학원을 운영하거나 강의를 해요

파티시에는 유능한 후배를 키우기 위해 제과 학원을 운영하거나 전문학교에서 제과·제빵 관련 강의를 합니다. 파티시에로서 9년 동안 경력을 쌓거나 제과 기능사, 제빵 기능사 자격증을 따고 7년 동안 실무 경력을 쌓으면 제과 기능장 자격증을 취득할 수 있습니다. 제과 기능장 자격증은 제과 및 제빵에 관해 최상급 기술을 익혔음을 증명하는 자격증으로, 이 자격증을 취득하면 기술 지도 및 감독 등의 업무를 할 수 있습니다.

요즘은 취미로 제과·제빵을 배우는 사람이 늘어났기 때문에 제과·제빵 학원과 강의도 많이 생겼습니다. 빵을 잘 만드는 것도 좋지만 자신의 능력을 사람들에게 나누어 주는 것도 파티시에가 해야 할 중요한 일입니다.

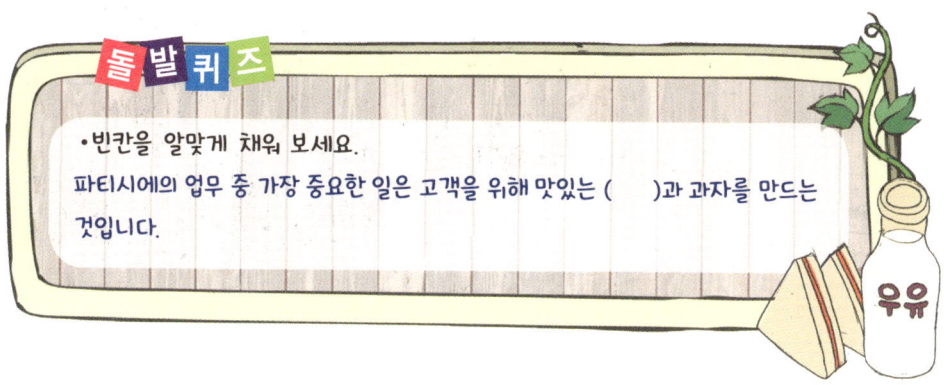

돌발 퀴즈
- 빈칸을 알맞게 채워 보세요.
파티시에의 업무 중 가장 중요한 일은 고객을 위해 맛있는 (   )과 과자를 만드는 것입니다.

"제과업계의 피카소, 피에르 에르메"

여러분, 마카롱이라는 과자를 아나요?

마카롱은 프랑스의 대표 디저트예요. 밀가루와 달걀흰자 등을 섞어서 만든 부드럽고 달콤한 과자로, 300년이 넘는 긴 시간 동안 많은 사람에게 사랑받아 왔습니다. 프랑스에는 집안 대대로 마카롱을 만들어 온 파티시에도 있는데요. 바로 피에르 에르메라는 파티시에입니다. 그의 집안은 4대째 마카롱을 만들어 왔어요. 그는 초콜릿이나 마카롱 등의 디저트를 마치 예술 작품처럼 아름답고 독창적이며 맛있게 만드는 것으로 유명해서 제과업계의 피카소라고 불립니다. 그가 자신의 이름을 따 만든 제과점은 전 세계적으로 인기가 많아서 언제나 줄이 길게 늘어 서 있지요. 2007년에는 프랑스의 훈장 중 가장 명예로운 '레지옹 도뇌르 훈장'을 받으며 세계 최정상 파티시에로서의 입지를 다졌습니다. 세계 최고의 파티시에가 만든 마카롱, 한번 먹어 보고 싶지 않나요?

피에르 에르메의 마카롱

초콜릿을 전문적으로 다루는 쇼콜라티에

"쇼콜라티에"

쇼콜라티에는 초콜릿을 전문적으로 만들고 취급하는 사람을 말합니다. 초콜릿의 프랑스 어인 '쇼콜라'를 따서 만든 이름으로, 초콜릿 공예가 혹은 초콜릿 장인을 의미해요. 쇼콜라티에는 단순히 초콜릿을 만드는 데 그치지 않고 여러 가지 초콜릿을 섞어서 최고의 맛을 만들거나, 새로운 맛과 모양의 초콜릿을 개발합니다. 또한 만들어진 초콜릿을 포장하는 일까지 담당합니다.

직업 일기
파티시에의 하루

오늘도 나의 하루는 오전 5시에 시작된다. 다른 사람들은 한창 잘 시간이지만 파티시에는 사람들이 출근할 때 새로 구운 빵을 진열해야 하므로 아침형 인간이 되어야 한다. 그래서 나는 파티시에가 되기 전부터 매일 아침 5시에 일어나는 습관을 들였고, 꾸준히 조깅을 해서 빵을 만들 때 필요한 기초 체력도 다져 왔다.

아침 대용으로 많이 먹는 부드럽고 담백한 모닝빵, 든든하게 속을 채워 줄 샌드위치 등을 만들고 보니 어느덧 시간이 훌쩍 지나 오후 1시가 되었다. 어제 예약받은 특별한 케이크를 만들어야 할 시간이다. 어제 저녁, 중절모를 쓴 신사분이 아내와의 결혼 40주년을 기념하는 케이크를 주문하셨다. 기념 케이크를 직접 주문하러 오신 모습에 감동해 그 어느 때보다 정성을 기울여 케이크를 만들고, 초콜릿 시럽으로 축하 메시지를 적어 넣었다. 누군가 사랑을 전달하기 위해 케이크를 살 때면 나는 꼭 사랑을 이루어 주는 큐피드가 된 것 같아서 행복해진다.

오후 3시, 미리 주문해 놓은 우리 밀가루와 여러 가지 재료가 도

착하는 시간이다. 우리 밀가루는 우리나라에서 재배한 밀을 가루 내어 만든 밀가루를 말한다. 보통 밀가루는 외국에서 많이 들여오는데 우리나라에서 밀가루를 만들면 수입해 오는 시간이 들지 않으므로 방부제 등을 넣지 않아 신선하고 건강에 좋다. 요즘에는 먹거리의 안전과 건강한 삶을 중요하게 생각하는 사람들이 늘어나서 우리 밀가루로만 빵을 만들어 파는 나의 빵집이 유명해졌다. 항상 새로운 빵을 만들기 위해 도전해 온 시간이 보상받은 것 같아서 정말 뿌듯하다.

   나는 앞으로도 더 좋은 빵을 만들기 위해 끊임없이 도전할 것이다. 1년 전에는 대한민국 최고의 파티시에를 꿈꾸었지만, 이제는 세계 최고의 파티시에를 꿈꾸며 더 맛있고 건강에 좋은 빵을 만들어야지!

Step 5

파티시에의
좋은 점 vs 힘든 점

좋은 점 : 손님들이 빵을 맛있게 먹는 모습을 보면 보람을 느껴요!

파티시에는 열심히 구운 빵을 손님이 맛있게 먹을 때 가장 큰 보람을 느낍니다. 손님이 만족하는 모습을 보면 자연스럽게 더 맛있는 빵을 만들고 싶다는 생각이 들어서 빵에 대한 연구를 멈출 수 없게 되지요. 기본적으로 제과·제빵 기술을 익힌 뒤 계속해서 새로운 조리법을 연구한다면 파티시에 분야에서 전문가가 될 수 있습니다.

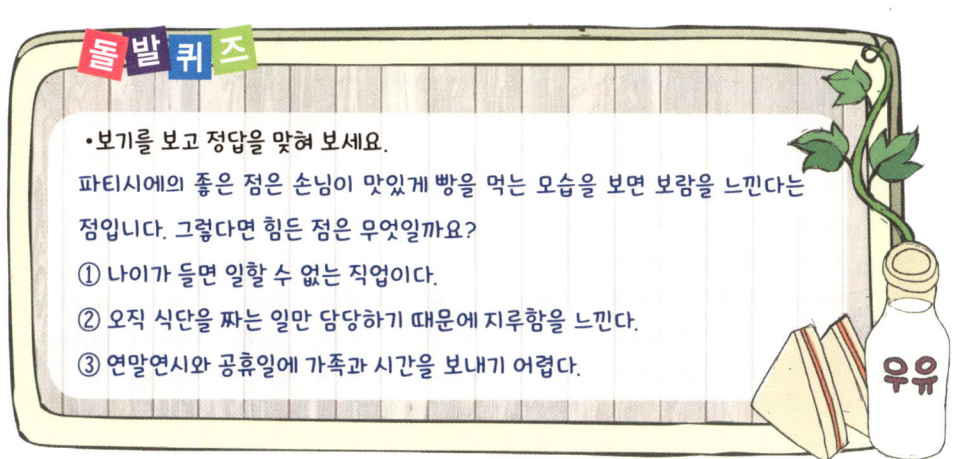

돌발퀴즈

• 보기를 보고 정답을 맞혀 보세요.

파티시에의 좋은 점은 손님이 맛있게 빵을 먹는 모습을 보면 보람을 느낀다는 점입니다. 그렇다면 힘든 점은 무엇일까요?

① 나이가 들면 일할 수 없는 직업이다.
② 오직 식단을 짜는 일만 담당하기 때문에 지루함을 느낀다.
③ 연말연시와 공휴일에 가족과 시간을 보내기 어렵다.

힘든 점 : 연말연시와 공휴일에 가족과 시간을 보내기 어려워요!

　빵과 케이크가 가장 많이 팔리는 시기는 언제일까요? 바로 연말연시와 크리스마스와 같은 공휴일, 밸런타인데이와 같은 기념일이에요. 그렇기 때문에 파티시에는 연말연시와 공휴일을 가족과 함께하기가 어렵습니다. 게다가 빵을 만들기 위해서는 아침 일찍 일어나야 하는데, 바쁠 때는 밤늦게까지 일해야 하므로 항상 체력 관리를 해야 합니다. 또한 음식을 다루는 직업이기 때문에 늘 재료의 신선도와 맛을 신경 써야 하는 부담감도 있습니다.

Step 6
파티시에는 어떤 능력이 필요할까?

미적 감각

파티시에는 빵을 아름답게 꾸미기 위한 미적 감각이 필요합니다. 빵을 보기 좋게 장식하면 더 먹음직스럽게 보일 수 있어요. 빵을 만들기 위해 재료를 정확히 계량하는 일은 누구나 할 수 있지만, 미적 감각은 하루아침에 배울 수 없으므로 평소에 예쁘게 장식된 빵을 눈여겨보고 스케치해 두는 등의 꾸준한 노력이 필요합니다.

창의력

사람들에게 사랑받는 빵과 과자를 만들기 위해서는 새로운 맛과 모양을 연구해야 합니다. 소비자는 언제나 새로운 것에 더 끌리기 때문이에요. 이처럼 전에 없던 새로운 빵을 만들기 위해서는 남다른 창의력과 노력이 필요합니다. 더불어 다른 나라에서 발표되는 요리법과 장식 기법을 늘 확인하고 적용해 보는 탐구 자세도 중요합니다.

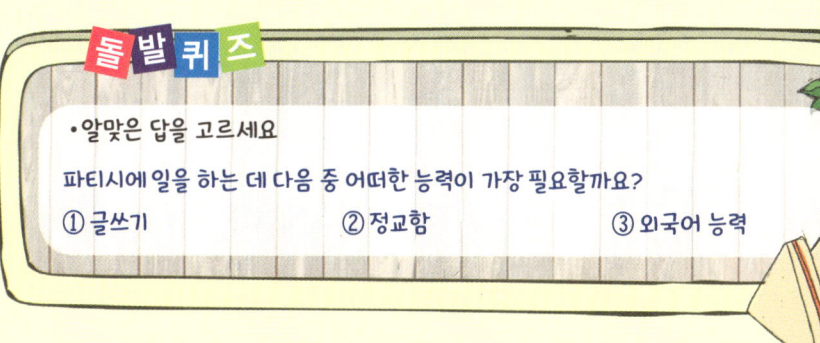

돌발퀴즈

• 알맞은 답을 고르세요

파티시에 일을 하는 데 다음 중 어떠한 능력이 가장 필요할까요?
① 글쓰기 ② 정교함 ③ 외국어 능력

정교함

빵을 만드는 작업은 정교한 손재주와 1그램의 차이도 느낄 수 있는 섬세함이 필요합니다. 빵을 만들 때는 재료의 비율과 계량이 중요하며, 재료의 작은 차이가 맛의 큰 차이를 만들기 때문이에요. 기본적으로 손재주가 있는 사람이 훨씬 맛있는 빵을 만들 수 있습니다.

체력

파티시에는 반죽처럼 손으로 하는 작업이 많으므로 체력 소모가 큰 직업입니다. 아침 일찍부터 밤늦게까지 계속해서 수작업을 하기 때문에 기초 체력이 강해야 해요. 또한 무거운 밀가루 부대를 옮기거나 뜨거운 오븐 앞에서 빵을 구우려면 근력과 인내력이 필요합니다.

Step 7

파티시에가 되기 위한 과정은?

관련 자격증
(제과 기능사, 제빵 기능사)

졸업 후
(제과점, 호텔)

대학교
(제과제빵과, 식품영양학과, 호텔조리학과)

중·고등학교
(일반, 특성화 고등학교)

중·고등학교

일반 고등학교에 진학해서 가정이나 과학(생물, 화학) 과목을 열심히 공부하면 도움이 됩니다. 제과·제빵 관련 특성화 고등학교를 진학해 일찍 경력을 쌓는 것도 좋습니다. 관련 자격증 시험은 응시 조건에 나이 제한이 없으므로 일찍이 취득할 수 있습니다.

대학교

전문 대학의 제과제빵과를 전공하거나 4년제 대학교에서 식품영양학과나 호텔조리학과를 전공하는 것이 좋습니다. 일반 사설 학원이나 평생 교육원에서도 제과·제빵의 이론과 기술을 배울 수 있습니다.

졸업 후

제과점에 취업하거나 개업할 수 있습니다. 호텔의 유명 음식점에서 숙련된 파티시에를 보조하며 기술을 배울 수도 있습니다. 각자에게 알맞은 방법을 찾아서 차근차근 파티시에의 꿈을 향해 나아가는 것이 중요해요.

관련 자격증

제과 기능사, 제빵 기능사, 제과 기능장

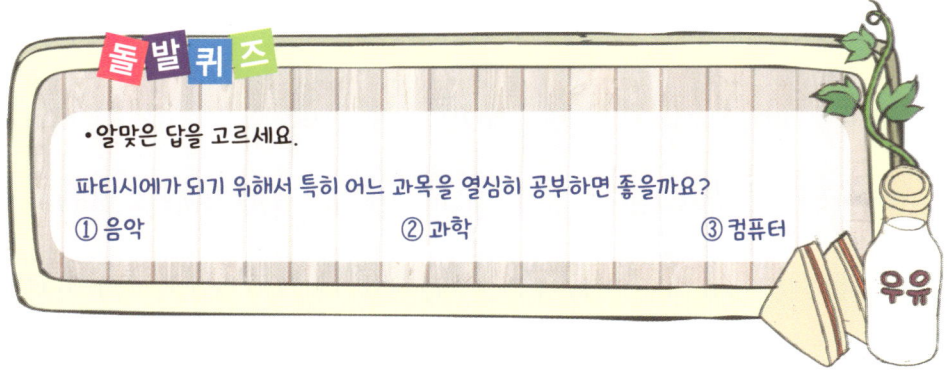

돌발퀴즈

- 알맞은 답을 고르세요.
파티시에가 되기 위해서 특히 어느 과목을 열심히 공부하면 좋을까요?
① 음악　　　② 과학　　　③ 컴퓨터

직업 사전, 적합도 평가

파티시에라는 직업이 나와 얼마나 어울릴까?

❖ ( ) 안에 돌발퀴즈의 답을 적어 넣으면 직업 사전이 완성됩니다.

파티시에	직업 사전	직업 적합도		
		항목	평가	점수
정의	( )는 우리가 먹는 빵, 케이크, 쿠키, 파이 등을 다양한 방식으로 만들고 먹음직스럽게 장식 및 포장하는 사람입니다.	파티시에라는 직업 자체에 얼마나 흥미가 있나요?	☆☆☆☆☆	/5
하는 일	파티시에는 맛과 영양, 소비자의 특성 등을 고려해서 다양하고 새로운 ( )과 과자를 만듭니다.	파티시에가 하는 일에 얼마나 흥미가 있나요?	☆☆☆☆☆	/5
장단점	파티시에의 장점은 사람들이 빵을 맛있게 먹는 모습을 보면 ( )을 느낀다는 점입니다. 하지만 연말연시와 공휴일이 제일 바쁘므로 가족과 시간을 보내기 어렵다는 단점도 있습니다.	장점과 단점을 모두 고려할 때 파티시에라는 직업에 얼마나 관심이 있나요?	☆☆☆☆☆	/5
필요 능력	맛있고 건강에 좋은 빵을 만들기 위해서는 미적 감각, 창의력, ( ), 체력 등이 필요합니다.	파티시에가 되기 위해 필요한 능력을 얼마나 갖추고 있나요?	☆☆☆☆☆	/5
되는 방법	가정이나 ( ) 과목을 열심히 공부하면 도움이 됩니다. 전문대학에서 제과제빵과를 전공하거나 대학교에서 식품영양학과나 호텔조리학과를 전공하는 것이 좋습니다.	파티시에가 되기 위한 공부를 하는 데 얼마나 관심이 있나요?	☆☆☆☆☆	/5

파티시에 적합도(총점) :   / 25

직업 적합도 평가 방법

❶ 직업 사전의 항목을 꼼꼼히 읽어 보세요.

❷ 직업 적합도 항목을 읽고 해당하는 만큼 별표를 색칠해 주세요.

   0개 : 전혀 없음   1개 : 거의 없음   2개 : 조금 있음

   3개 : 보통   4개 : 많음   5개 : 아주 많음

❸ 별 1개당 1점으로 계산하여 점수를 적어 넣으세요.

❹ 평가 기준(총점)

총점	적합도	목표 직업으로 삼을 경우 고려할 점
21~25	매우 높음	직업 적합도가 매우 높습니다. 이 직업을 목표로 삼고 필요한 능력을 꾸준히 개발하도록 합니다.
16~20	높음	직업 적합도가 높습니다. 적합도 점수가 낮은 부분을 중심으로 보완하도록 합니다.
11~15	보통	직업 적합도가 보통입니다. 꾸준히 관심을 가지고 이 직업에 대해 알아보도록 합니다.
0~10	낮음	직업 적합도가 낮습니다. 해당 직업과 함께 다른 직업의 정보도 함께 알아보도록 합니다.

Step 8
교사와 학부모를 위한 가이드
적성 & 진로 지도

이렇게 지도하세요

오랜 세월 동안 쌀을 주식으로 삼아 온 우리나라에서 빵은 항상 간식의 개념으로 존재했습니다. 하지만 요즘은 빵을 한 끼 식사로 여기는 인구가 점차 늘어나면서 파티시에의 역할이 중요해졌습니다.

파티시에는 이른 아침부터 맛있는 빵을 만들기 위해 여러 재료를 들고 옮겨야 하므로 강한 체력과 철저한 위생 관념이 있어야 합니다. 또한 소비자가 무엇을 원하는지에 대해서도 관심 있게 살피며 기대에 호응하는 새로운 빵을 만들 줄 알아야 합니다. 평소 손으로 하는 작업을 좋아하거나, 미각과 미적 감각이 뛰어난 학생에게 적합한 직업입니다. 더불어 빵에 관심을 두고 직접 만들어 보는 등 빵에 대한 적극적인 태도와 섬세함을 지닌 학생에게 적합합니다. 자녀와 함께 빵의 갖가지 재료나 장식에 대해 대화를 나누어 보세요. 자녀의 파티시에 꿈을 키우는 데 도움이 될 것입니다.

학습 설계(중점 과목)

구분 I	구분 II
국어, 영어, **수학**	사회, **과학**, 예체능

활동 설계(관련 활동)

동 아 리	요리반
독 서	《세상의 모든 빵》《빵의 역사》《양과자 세계사》《설탕의 세계사》
기 타	복지관 및 공공 기관 일손 돕기, 빵 만들어 보기

꼭 알아 두세요

요즘은 밥보다 간단하고 영양소도 골고루 공급해 주는 제2의 주식으로 빵 문화가 발달하고 있습니다. 따라서 고객의 연령층을 고려해 칼슘을 첨가한 빵, 아픈 사람도 먹을 수 있는 빵, 다이어트에 관심이 많은 여성을 위한 저칼로리 빵 등 소비자의 눈높이에 맞춘 빵이 더욱더 유행할 것으로 보입니다. 이러한 변화에 적극적으로 대응하고, 국민의 주식을 책임진다는 의식을 가진 파티시에가 필요할 것으로 전망합니다.

교사와 학부모를 위한 가이드
직업 체험 활동

빵 만들어 보기

직접 빵을 만들어 보면 파티시에가 되는 데 큰 도움이 됩니다. 요즘에는 빵을 쉽게 만들게 필요한 재료들만 골라 포장해 놓은 제품도 많습니다. 오븐이 없어도 만들 수 있는 밥솥 케이크나 간단한 빵, 과자를 만들어서 가족에게 나누어 주세요. 빵을 직접 만들어서 나누어 주면 제빵 기술도 익히고, 가족에게 사랑도 전할 수 있는 일석이조의 효과를 누릴 수 있습니다.

소비자가 좋아하는 빵 알아보기

빵집을 돌아다니며 소비자가 가장 좋아하는 빵이 무엇인지 조사해 보는 것도 좋습니다. 빵을 광고할 때 강조하는 문구에 관심을 가져 보세요. 예를 들어 '웰빙', '생우유', '저지방' 등의 광고 문구가 많이 적혀 있다면 소비자가 이러한 것들을 선호하는 것입니다. 이처럼 항상 빵에 관심을 두다 보면 훗날 파티시에가 되었을 때 소비자가 원하는 빵을 만들 수 있을 거예요.

조리법 등 정보 조사하기

요즘은 제과·제빵과 관련된 블로그나 요리책 등을 주변에서 쉽게 접할 수 있습니다. 건강에 좋고 맛도 좋은 빵을 찾는 사람이 늘어나면서 다양한 매체에서 제과·제빵과 관련된 정보를 다루고 있지요. 특히 블로그는 제과·제빵에 대한 지식이 없는 일반인도 따라 할 수 있도록 손쉬운 조리법을 많이 제공하고 있습니다. 빵과 관련된 블로그와 서적, 프로그램을 통해 파티시에라는 꿈과 더욱 가까워지면 어떨까요?

추천 사이트

대한제과협회 http://www.bakery.or.kr
서울특별시 식품안전정보 http://fsi.seoul.go.kr
보건복지부 http://www.mw.go.kr

 공학 계열

변리사

Step 1

변리사 이야기

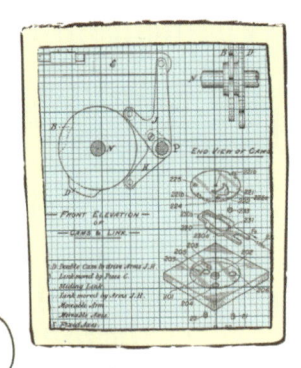

만약 여러분이 몇 년을 투자해서 어떤 발명품을 만든 발명가라고 생각해 보세요. 그 발명품으로 큰돈을 벌고 있는데, 어느 날 여러분이 만든 것과 거의 같은 제품이 더 싼 가격으로 나왔습니다. 사람들은 가격이 싼 제품을 샀고, 여러분이 만든 제품은 덜 팔리기 시작했지요. 자, 이런 상황에 처하지 않으려면 어떻게 해야 할까요? 바로 특허를 내야 합니다. 특허란 누가 여러분의 발명품을 모방하지 않도록 하는 권리를 말합니다. 자, 지금부터 특허를 내기 위해 가장 먼저 만나야 하는 사람, 변리사에 대해 알아 볼까요?

특허권에 대해 설명 중인 변리사

특허를 내기 위해 회의 중인 변리사들

기업에서 특허 사례에 대해 강의하는 변리사

Step 2

역사 속 직업 이야기

유리 공예품과 함께 발달한 특허 제도

특허란 처음 기술을 개발한 사람에게만 주는 독점적인 사용 권리입니다. 특허(patent)는 '공개된 편지'라는 뜻의 라틴 어 'litterae patentes'에서 유래했어요. 중세 시대에는 황제의 인장이 찍힌 편지를 모든 사람에게 공개해 권리와 특권을 드러내는 결정적인 증거로 사용했기 때문입니다. 그럼 특허는 언제 처음 생겼을까요?

특허가 처음 생긴 곳은 문화, 예술, 과학이 가장 발달했던 나라 이탈리아였습니다. 유리 세공으로 유명한 지역인 베네치아에는 유리 공예품을 만드는 장인들이 많았습니다. 정부는 그들의 기술과 권리를 보장해 주기 위해 특허 제도를 만들었고, 개인의 기술 독점을 인정해 주었어요. 이러한 정부의 노력 덕분에 장인들은 안심하고 실력을 발휘해서 공예품을 만들 수 있었습니다. 그래서 더욱 아름답고 화려한 유리 공예품이 만들어졌고, 지금까지 전 세계적으로 사랑받고 있습니다.

시대가 흘러 현재 세계 곳곳의 많은 기업이 매일 놀라운 기술을 개발하고 있습니다. 그 덕분에 휴대 전화, 자동차 등 일상생활에서 접하는 많은 제품이 거듭해서 새로운 모델을 출시하고 있습니다. 이처럼 시대의 변화에 발맞추어 오늘날 변리사가 다루는 분야도 점점 변화하고 있어요.

예를 하나 들어 볼까요? 사람들이 하루 중 가장 많이 만지는 물건이 무엇일까요? 바로 스마트폰입니다. 생활에 필요한 다양한 정보와 재미있는 기능이 많이 들어 있다 보니 스마트폰의 인기는 점점 높아지고 있습니다. 인기가 많은 만큼 스마트폰 시장은 경쟁이 치열해졌어요. 새로운 기술과 디자인의 특허권을 두고 많은 업체가 법정에서 다툼을 벌이고 있습니다. 변리사는 기업이 특허권을 보호받을 수 있도록 핵심 기술에 대해 특허권을 주장하고, 혹시 다른 회사의 제품이 특허권을 침해하지 않았는지 확인합니다. 또한 기업이 특허권을 보호하기 위해 작성하는 복잡한 법적 서류를 대신 처리해 줍니다. 변리사를 '기술 변호사'라고 부를 만하지요?

이처럼 변리사는 먼 과거에서부터 현재에 이르기까지 사람들의 기술과 권리를 보호해 주기 위해 늘 애써 왔습니다. 지금부터 변리사가 하는 일에 대해 업무별로 자세히 알아볼까요?

Step 3

변리사는
어떤 사람일까?

지적 재산권을 등록해 주는 법률 전문가

　변리사가 무슨 일을 하는지 궁금하다면 이름의 뜻을 잘 살펴보세요. 변리사(辨理士)의 '변'은 '분별하다', '리'는 '다스리다'라는 의미를 지니고 있습니다. 이 한자를 풀어 보면 변리사란 '어떤 문제를 분별해 다스리는 사람'이라는 의미가 됩니다. 비슷한 직업인 변호사(辯護士)의 경우 '변'은 '말을 잘하다, 밝히다', '호'는 '보호하다'라는 뜻을 지니고 있는데요. 한자를 풀어 보면 '밝혀내어 보호하는 사람'이라는 의미가 됩니다. 이렇듯 단어의 뜻을 살펴보면 변리사가 하는 일을 정확하게 알 수 있어요. 이름에서도 알 수 있듯이 변리사는 고객의 기술이나 제품이 특허권을 얻을 수 있는지 아닌지를 '분별'하며, 개인 및 기업의 지적 재산권을 등록하고 보존해 주는 법률 전문가입니다. 기술의 중요성이 강조되고 있는 요즈음 변리사의 업무가 전보다 전문화되었으며 더욱더 중요해졌습니다.

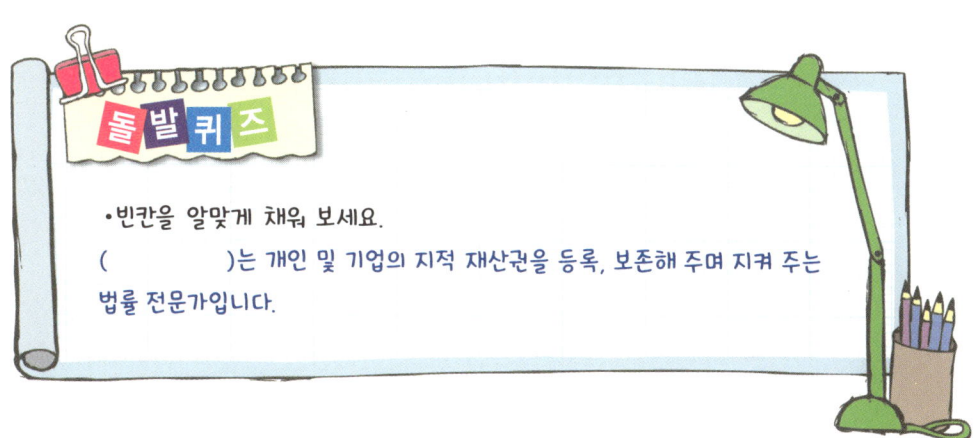

- 빈칸을 알맞게 채워 보세요.
( )는 개인 및 기업의 지적 재산권을 등록, 보존해 주며 지켜 주는 법률 전문가입니다.

지적 재산권을 보호하는 보안관

변리사는 새로운 기술과 같은 지적 재산권을 지켜 주는 보안관 역할을 합니다. 새로 발명한 기술을 발명자 외에는 아무도 모방할 수 없도록 하거나, 또는 그에 대한 사용료를 받을 수 있도록 법으로 발명자의 권리를 보장해 줍니다. 이러한 사용료를 로열티라고 해요. 기업들이 특허권으로 법정 다툼을 할 때는 이기고 지는 것에 따라 큰 액수의 로열티를 받을 수도, 낼 수도 있으므로 변리사의 역할이 무척 중요합니다.

변리사는 제품의 디자인이나 상표 또한 다른 사람이 베낄 수 없도록 개발자의 권리를 보호해 줍니다. 발명자 또는 디자이너가 변리사에게 자신이 개발한 것을 특허나 상표권으로 등록해 달라고 요청하면, 변리사는 법적으로 진행해야 될 부분을 대리자로서 처리하고 관련 상담을 해 주어 등록 절차를 돕습니다.

Step 4

변리사는 무슨 일을 할까?

변리사는 특허를 내고자 하는 사람이나 기업의 의뢰를 받아서 일을 합니다. 개인이나 기업이 새로운 기술과 디자인, 상표 등에서 특허권을 따낼 수 있도록 도와주지요. 특허와 관련된 분쟁을 해결하며 다양한 지적 재산권을 보호해 줍니다. 변리사가 하는 일에 대해 좀 더 자세하게 살펴볼까요?

특허 출원을 해요

변리사의 업무 중 가장 중요한 일은 개발자가 특허를 따낼 수 있도록 이를 출원하는 것입니다. 출원은 법적으로 필요한 몇 가지 과정을 거쳐야 하는데요. 일반 사람에게는 이 과정이 무척 어렵고 복잡하기 때문에 전문가인 변리사에게 도움을 요청합니다.

특허를 출원하려면 특허청에 특허 출원서를 제출해야 합니다. 특허 출원서는 특허를 내고자 하는 창작물에 대해 설명한 문서입니다. 그리고 특허 출원에 대한 요약서와 명세서, 도면 및 기타 첨부 서류 등도 함께 내야 해요. 이 중 가장 중요한 것이 특허 명세서입니다. 특허 명세서에는 '이 기술은 기존의 것과는 다르게 이러한 특징을 갖추고 있습니다.'라고 발명에 대한 설명을 자세하게 써야 합니다. 특허 심사관들이 심사할 때 가장 중요하게 보는 문서가 바로 이 특허 명세서예요. 그 밖에도 함께 내는 도면은 개발한 기술이 어떤 원리로 작동하는지 그림으로 설명해서 심사관들의 이해를 돕기 위한 것입니다.

이러한 서류들은 개발자가 직접 작성하기도 하지만 전문성을 갖춘 변리사가 작성하는 경우가 더 많습니다. 서류를 작성하기 위해 변리사가 가장 먼저 해야 할 일은 무엇일까요? 바로 발명자를 만나는 일이에요. 발명자를 만나서 특허를 요청할 새로운 기술에 대해 자세하게 듣고, 어떻게 특허로 인정받을 것인지 함께 의논합니다.

> **Tip**
>
> **특허 출원과 특허 등록**이란?
> 출원이란 특허를 받고자 하는 발명자가 특허 출원서를 작성해 특허청에 제출하는 일을 말합니다. 특허 출원서를 제출해야만 특허청에서 심사를 할 수 있습니다. 특허청에서 심사를 한 뒤 특허 등록이 가능하다고 판단하면 발명자에게 특허 결정서를 보내는데, 이를 받은 뒤 등록을 해야 특허권이 생깁니다. 이런 등록 과정을 특허 등록이라고 합니다.

특허 관련 분쟁을 해결해요

특허를 받으면 누구든 그와 비슷한 기술을 사용할 수도, 개발할 수도 없는 막강한 권리가 생깁니다. 그러므로 특허를 둘러싸고 여러 사람이 다툼을 벌일 때가 많습니다. "내가 개발한 기술을 당신이 도용했어!", "이 기술은 당신이 개발한 기술과 달라! 따라서 나는 아무 죄가 없어." 하는 식으로요. 이러한 법적 다툼을 보통 '특허 침해 소송'이라고 합니다. 특허 침해 소송이 벌어지면 변리사는 발명자를 대리해 법원에 판결을 요청합니다. 어떤 문제가 있는지 자세하게 설명하고 심판에 관한 모든 업무를 대신해요.

다양한 지적 재산권을 보호해요

변리사가 특허권만 다루는 것은 아닙니다. 상표, 로고, 디자인, 실용신안 등과 같은 지적 재산권을 모두 보호해요. 예를 들어 우리가 맛있는 반찬으로 먹는 어묵을 생각해 볼까요? 우리나라에서 어묵으로 가장 유명한 곳이 어디일까요? 바로 부산입니다. 어묵은 생선의 살을 갈아서 만들기 때문에 바다와 닿아 있는 부산은 오래전부터 어묵을 만들어 먹었어요. 맛이 매우 좋아서 부산 어묵은 곧 전국적으로 유명해졌지요. 그런데 부산 어묵이 잘 팔리다 보니 부산이 아닌 다른 곳에서도 부산 어묵이라는 이름으로 어묵을 만들어 팔기 시작했어요. 사람들은 어떤 어묵이 원조인지 헷갈리기 시작했습니다.

만약 여러분이 원조 부산 어묵을 만들어 온 사장이라면 어떻게 해야 할까요? 다른 사람들이 부산 어묵이라는 단어를 쓰지 못하도록 막아야 할까요? 하지만 그럴 수는 없어요. '부산'과 '어묵'은 평소에도 많은 사람이 쓰는 단어이기 때문에 한 사람만 독점할 수가 없습니다. 이럴 때는 진짜 부산에서 만든 어묵임을 나타내는 상표를 만들어서 특허권처럼 출원하는 방법이 있습니다. 새로운 글씨체와 그림으로 원조 부산 어묵임을 드러내는 상표를 만들어 출원하면 아무도 이 상표를 사용할 수 없습니다. 그러면 이 상표는 진짜 부산 어묵을 나타내는 고유한 표시가 되겠지요? 이처럼 변리사는 상표를 등록해 발명자의 권리를 보호해 주는 일도 합니다.

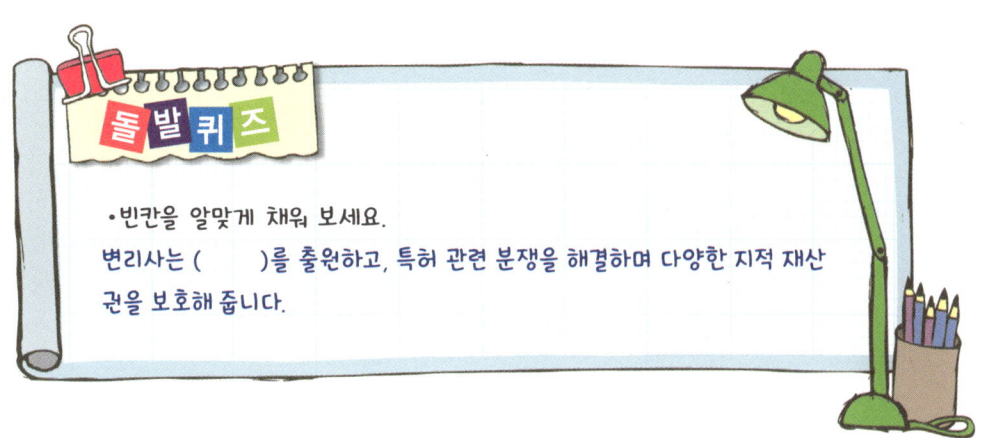

돌발퀴즈

• 빈칸을 알맞게 채워 보세요.
변리사는 (   )를 출원하고, 특허 관련 분쟁을 해결하며 다양한 지적 재산권을 보호해 줍니다.

재판 중인 특허 법원

특허 소송의 종류

특허권을 둘러싸고 벌어지는 소송의 종류는 아주 다양합니다. 그중에서도 대표적인 소송 세 가지에 대해 알아보아요.

- "제 기술이 왜 특허 출원이 안 됩니까? 동의할 수가 없군요."
  특허 등록 거절 불복 소송입니다. 특허 출원을 했을 때 심사관이 특허 등록을 거절하는 경우가 있습니다. 이때 심사관의 말에 동의할 수 없다는 의미로 불복 심판을 청구해서 진행할 수 있습니다.

- "저 특허는 법을 위반했으므로 무효입니다."
  특허 등록 무효 소송입니다. 이미 등록된 특허가 법을 위반해 잘못 등록된 것일 때 이를 무효로 만들어 달라는 심판을 청구해서 진행할 수 있습니다.

- "저 사람이 내가 개발한 기술을 똑같이 따라 했습니다. 그 기술을 쓸 수 없게 해 주세요."
  특허 침해 소송입니다. 특허를 가진 사람의 허락 없이 제3자가 특허 관련 기술을 비슷하게 따라 했을 때 내는 소송입니다. 기업 사이에 일어나는 분쟁이 대부분 이와 관련되어 있습니다.

"지적 재산권의 종류"

지적 재산권이란 산업상 이용할 가치가 있는 발명 등에 관한 권리를 의미합니다. 특허권, 실용신안권, 상표권, 의장권 등이 지적 재산권에 포함되지요. 그런데 이러한 권리들은 서로 어떻게 다를까요?

실용신안권은 산업적으로 이용할 가치가 있는 물품의 모양, 구조 등에 관한 권리를 말합니다. 상표권은 다른 상품과 구별하기 위해 문자, 도형, 색깔 등으로 새롭게 디자인해 만든 상표에 대한 권리를 말해요. 또 의장권 혹은 디자인권은 물건의 독창적인 외부 디자인에 대한 권리를 의미합니다.

연필을 예로 들어 볼까요? 지금은 흔하게 볼 수 있지만 처음 연필이 나왔을 때는 매우 획기적인 물건이었습니다. 연필은 길게 깎은 나무 속에 흑연을 넣어 만드는데 이와 같은 구조는 특허권 또는 실용신안권에 해당합니다. 삼각 연필, 사각 연필, 지우개가 달린 연필 등은 디자인과 관련되므로 의장권에 해당하고요. 모나미, 바른손 등과 같은 브랜드는 상표권에 해당합니다.

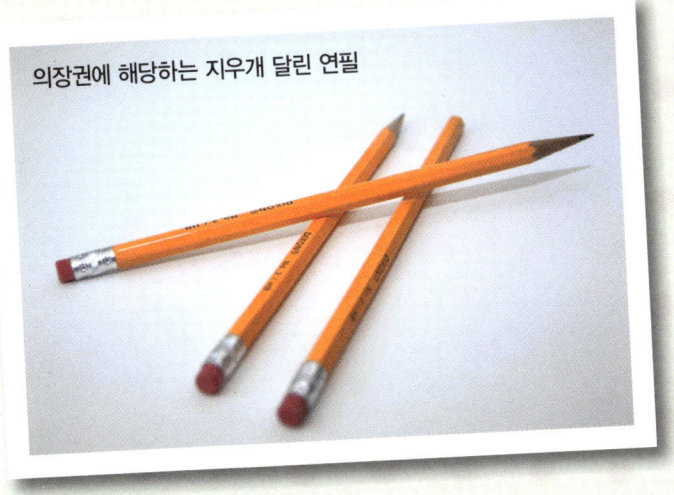

의장권에 해당하는 지우개 달린 연필

직업 일기
변리사의 하루

몇 년 전만 해도 변리사는 관련 분야 사람들만 알던 생소한 직업이었다. 처음 만나는 사람에게 나를 소개할 때면 "변리사는 변호사랑 비슷한 건가요?"라는 질문을 많이 받았던 기억이 난다. 하지만 요즘에는 변리사라는 직업이 많이 알려진 편이다. 변리사라고 하면 "아, 특허를 받게 해 주시는 분이지요?"라고 할 정도니 말이다. 첨단 과학 기술, 디자인과 같은 지적 재산의 가치가 나날이 커지고 있는 덕분이다. 그래서 난 요새 몸이 열 개라도 부족할 만큼 바쁘다.

변리사는 생명과학, 전기 전자, 토목, 기계 등 다양한 분야 가운데 한 가지를 선택해서 일한다. 변리사는 한 분야에 대해 폭넓고 깊은 전문 지식을 갖추어야 하기 때문이다. 나는 전기전자공학과 출신으로 전기 전자 분야에서 활동 중이다.

오늘 오후에 한 고객이 찾아왔다. 휴대 전화 배터리를 생산하는 중소기업 사장님이었다.

"변리사 선생님, 저희 회사에서 충전 시간을 획기적으로 줄여 주는 휴대

전화 배터리를 개발해서 찾아왔습니다. 콘센트에 5분만 꽂아 두면 완전히 충전됩니다."

"대단하네요. 기존의 리튬 이온 전지를 그대로 이용했는데 어떻게 개발하신 거지요?"

고객은 신이 나서 설명을 이어 갔다.

"전극을 구성하는 물질 표면의 성분 구조를 좀 바꿔 봤어요. 여기 도면을 봐 주시겠어요?"

"아, 그렇군요. 아직 비슷한 기술로 특허 등록이 되어 있지 않다면 특허 출원이 어렵지는 않겠습니다. 이 서류들을 두고 가시면 저희가 유사 사례를 찾아본 뒤 특허 출원서를 작성하겠습니다."

고객은 큰 기대감을 안고 돌아갔다. 이제 고객이 특허 결정서를 받을 수 있도록 비슷한 기술이 있는지 살펴본 뒤 특허 출원서를 작성하는 일만 남았다. 고객의 기술이 특허를 따낼 수 있도록 나는 오늘도 최선을 다해 일할 것이다.

Step 5

변리사의
좋은 점 vs 힘든 점

좋은 점 : 과학 기술이 중요해지면서 변리사의 역할도 중요해졌어요!

첨단 기술이 점점 더 중요해지면서 기업뿐만 아니라 국가의 경쟁력에도 큰 영향을 끼치고 있습니다. 특히 통신, 전기 전자, 생명공학, 우주공학 등의 분야가 활발히 성장하고 있어요. 이렇게 첨단 기술이 발달할수록 새로운 상품도 매일 개발되고, 특허를 받으려는 사람 또한 늘어나고 있습니다. 이에 따라 변리사의 역할도 더욱 중요해질 전망입니다. 특히 최근에는 기술에 대한 특허 역시 중요한 재산으로 인식되고 있으므로 변리사의 역할이 무척 중요해요.

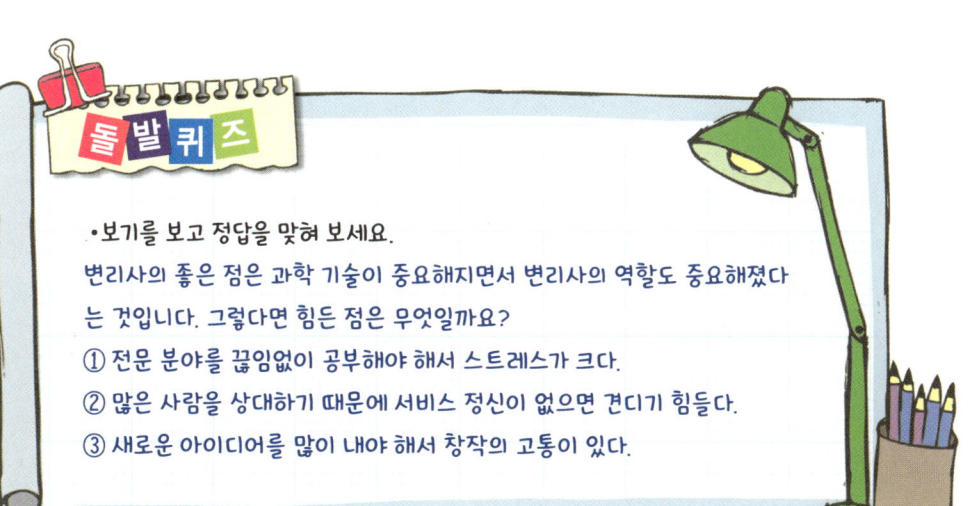

- 보기를 보고 정답을 맞혀 보세요.

변리사의 좋은 점은 과학 기술이 중요해지면서 변리사의 역할도 중요해졌다는 것입니다. 그렇다면 힘든 점은 무엇일까요?

① 전문 분야를 끊임없이 공부해야 해서 스트레스가 크다.
② 많은 사람을 상대하기 때문에 서비스 정신이 없으면 견디기 힘들다.
③ 새로운 아이디어를 많이 내야 해서 창작의 고통이 있다.

힘든 점 : 전문 분야를 끊임없이 공부해야 해서 스트레스가 커요!

첨단 기술은 매일같이 변하므로 전공 분야에 대한 새로운 지식을 끊임없이 쌓아야 합니다. 변리사 일을 하는 동안에는 학생처럼 열심히 공부해야 해요. 하루에 100쪽이 넘는 법률 문서를 읽어야 할 때도 있지요. 이처럼 하루 종일 머리를 써야 하므로 스트레스를 많이 받습니다.

무엇보다도 특허권이 외국 기술과 연관되는 일이 많아서 외국어 수준이 매우 높아야 합니다. 또한 해외 업무를 대리하기 위해서는 각국의 특허법도 공부해야 해요. 이처럼 변리사 일을 하면서도 끊임없이 공부해야 하기 때문에 정신적으로 힘들 수 있습니다.

변리사는 어떤 능력이 필요할까?

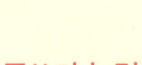

글쓰기 능력

특허 출원을 할 때 가장 어려운 것 중 하나가 특허 명세서를 작성하는 일입니다. 특허 명세서를 작성하는 일은 특허를 받는 과정 중 가장 중요합니다. 따라서 변리사는 고객의 발명품에 대해 명확하고 논리적인 설명 글을 작성할 줄 알아야 합니다. 이는 생각보다 쉽지 않기 때문에 변리사가 되고서도 최소 1~2년 정도의 훈련 과정을 거쳐야 특허 명세서를 제대로 작성할 수 있습니다.

외국어 능력

변리사가 다루는 분야는 미국이나 유럽과 같은 서양에서 먼저 발달한 첨단 기술 분야이기 때문에 영어로 된 원서를 봐야 할 때가 많습니다. 또한 특허 분쟁은 전 세계적으로 일어나므로 기본적으로 외국어, 특히 영어 능력이 매우 필요합니다.

- 알맞은 답을 고르세요.
변리사 일을 하는 데 다음 중 어떠한 능력이 가장 필요할까요?
① 논리·분석력　　　② 미적 감각　　　③ 창의력

논리·분석력

　변리사는 특허, 실용신안의 기술을 잘 분석해야 합니다. 설명서에 있는 내용을 이해하지 못하고 분석도 못 한다면 특허 명세서를 제대로 작성할 수 없어요. 또한 무효 심판과 같은 재판에서도 이기기 어렵지요. 발명자의 기술을 정확히 분석한 후 논리 있게 서술할 줄 알아야 합니다.

말하기 능력

　변리사는 특허 재판을 할 때 대리인을 대신해서 진술할 수 있어야 합니다. 특허 재판은 복잡한 기술을 다루기 때문에 설득력 있는 설명이 필수예요. 또 특허와 같은 지적 재산권은 한 회사의 앞날에 큰 영향을 미치므로 회사의 입장을 잘 설명할 수 있는 말하기 능력이 필요합니다.

변리사가 되기 위한 과정은?

Step 7

중·고등학교

변리사는 기본적으로 과학에 흥미가 있어야 합니다. 따라서 일반 고등학교나 자율 고등학교, 과학 고등학교 진학을 고려할 수 있으며, 일반이나 자율 고등학교에 진학했다면 이과 계열을 선택하는 것이 좋습니다.

대학교

전기전자공학과, 생명공학과, 기계공학과, 컴퓨터공학과, 정보통신학과, 화학공학과 등 이공 계열의 학과를 선택하는 것이 좋습니다.

졸업 후

변리사가 되기 위해서는 국가 자격증을 취득해야 합니다. 변리사 시험에 통과하면 특허 법률 사무소나 대기업에서 변리사로 일할 수 있습니다. 최근에는 기업에서도 특허가 중요해지면서 변리사를 많이 채용하고 있습니다.

관련 자격증

변리사 자격증

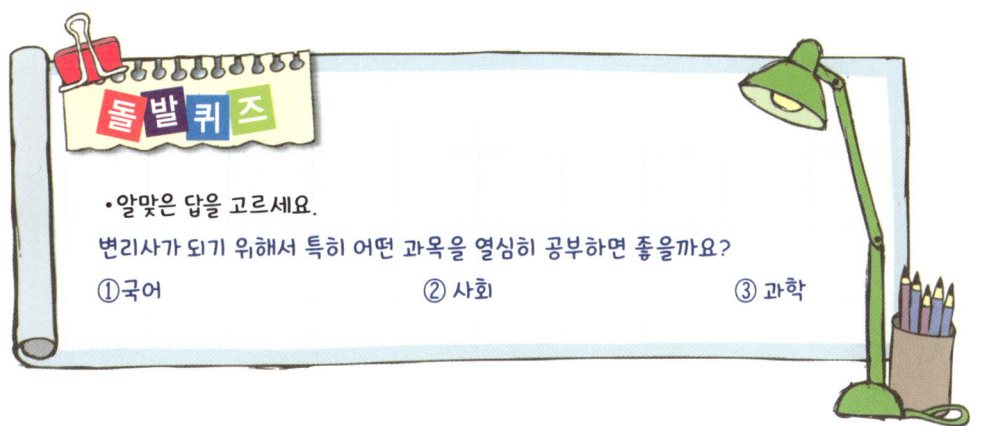

돌발퀴즈
- 알맞은 답을 고르세요.
변리사가 되기 위해서 특히 어떤 과목을 열심히 공부하면 좋을까요?
① 국어　　　　② 사회　　　　③ 과학

직업 사전, 적합도 평가

변리사라는 직업이 나와 얼마나 어울릴까?

❖ ( ) 안에 돌발퀴즈의 답을 적어 넣으면 직업 사전이 완성됩니다.

변리사	직업 사전	직업 적합도		
		항목	평가	점수
정의	(　　)는 개인 및 기업의 지적 재산권을 등록, 취득 및 보존해 주며 지켜 주는 법률 전문가입니다.	변리사라는 직업 자체에 얼마나 흥미가 있나요?	☆☆☆☆☆	/ 5
하는 일	(　　)를 출원하고, 특허 관련 분쟁을 해결하며, 상표나 디자인과 같은 다양한 지적 재산권을 보호해 줍니다.	변리사가 하는 일에 얼마나 흥미가 있나요?	☆☆☆☆☆	/ 5
장단점	과학 기술이 중요해지면서 변리사의 역할도 중요해졌다는 장점이 있습니다. 하지만 전문 분야를 끊임없이 공부해야 하므로 (　　)를 받는다는 단점이 있습니다.	장점과 단점을 모두 고려할 때 변리사라는 직업에 얼마나 관심이 있나요?	☆☆☆☆☆	/ 5
필요 능력	원활한 특허 등록을 위해서는 글쓰기 능력, 외국어 능력, (　　), 말하기 능력이 필요합니다.	변리사가 되기 위해 필요한 능력을 얼마나 갖추고 있나요?	☆☆☆☆☆	/ 5
되는 방법	(　　)과 영어에 흥미를 갖고 열심히 공부해야 합니다. 대학교에서는 이공 계열을 전공하는 것이 좋습니다.	변리사가 되기 위한 공부를 하는 데 얼마나 관심이 있나요?	☆☆☆☆☆	/ 5

변리사 적합도(총점) :　　 / 25

직업 적합도 평가 방법

❶ 직업 사전의 항목을 꼼꼼히 읽어 보세요.
❷ 직업 적합도 항목을 읽고 해당하는 만큼 별표를 색칠해 주세요.

    0개 : 전혀 없음   1개 : 거의 없음   2개 : 조금 있음

    3개 : 보통   4개 : 많음   5개 : 아주 많음

❸ 별 1개당 1점으로 계산하여 점수를 적어 넣으세요.
❹ 평가 기준(총점)

총점	적합도	목표 직업으로 삼을 경우 고려할 점
21~25	매우 높음	직업 적합도가 매우 높습니다. 이 직업을 목표로 삼고 필요한 능력을 꾸준히 개발하도록 합니다.
16~20	높음	직업 적합도가 높습니다. 적합도 점수가 낮은 부분을 중심으로 보완하도록 합니다.
11~15	보통	직업 적합도가 보통입니다. 꾸준히 관심을 가지고 이 직업에 대해 알아보도록 합니다.
0~10	낮음	직업 적합도가 낮습니다. 해당 직업과 함께 다른 직업의 정보도 함께 알아보도록 합니다.

Step 8

교사와 학부모를 위한 가이드
적성 & 진로 지도

이렇게 지도하세요

변리사는 개인 및 기업의 지적 재산권을 관리해 주는 전문가입니다. 한 마디로 이공계의 변호사라고 할 수 있어요. 과학 기술 등 이공 계열을 다루기 때문에 자녀가 변리사에 적합한지 알아보려면 먼저 과학에 흥미가 있는지부터 살펴봐야 합니다. 법률 분야에도 함께 흥미를 보이는 것이 좋겠지요.

꼼꼼하고 정확하며 논리적이고 분석적인 성향의 자녀에게 잘 맞는 직업입니다. 만약 새로운 정보를 습득하는 일을 즐기지 않는다면 변리사로서 성공하기는 어려울 수 있습니다.

최근 모든 직종에서 두드러지는 특징 중 하나가 국제화입니다. 이에 발맞추어 변리사의 업무도 국제화되고 있습니다. 국제 특허 및 국제 특허 분쟁에 대응하기 위해서는 외국어 능력이 필수입니다. 자녀가 국제화 시대에 맞는 마음가짐을 갖고 외국어를 편안하게 사용할 수 있도록 지도해 주세요.

변리사의 중요한 소양은 논리력을 기르는 것입니다. 논리력을 기르기 위한 가장 좋은 방법은 독서를 열심히 하고, 자신의 의견을 글로 정리하는 습관을 기

학습 설계(중점 과목)	
구분Ⅰ	구분Ⅱ
국어, **영어**, **수학**	사회, **과학**, 예체능

활동 설계(관련 활동)	
동아리	과학 관련 동아리, 컴퓨터 동아리
독 서	《있다면? 없다면!》《하리하라의 생물학 카페》《세 바퀴로 가는 과학자전거》《내일은 발명왕》《역사상 가장 위대한 발명 150》
기 타	특허 관련 기사 스크랩하기, 발명 대회 참가하기

르는 것입니다. 논리력은 짧은 시간 동안 키우기에는 어려운 능력이므로 어렸을 때부터 독서를 열심히 하는 것이 좋습니다.

꼭 알아 두세요

변리사는 평균 이상의 연봉, 전문직, 지적 재산권에 대한 인식의 확대 등으로 최근 몇 년 사이에 인기가 높아진 직업입니다. 자신의 전문 지식을 통해 경쟁력을 확보할 수 있다는 점과 특허권을 통해 국가 발전에 기여할 수 있다는 점이 매우 매력적이지요. 하지만 매력적인 점만을 살피기보다는 변리사의 어려운 점도 함께 이해하며 지도하는 것이 좋습니다.

교사와 학부모를 위한 가이드
직업 체험 활동

발명 대회 참가

　어렸을 때부터 다양한 발명 대회에 참가해 특허에 대한 개념을 미리 경험하는 것이 좋습니다. 발명 대회에 참가하기 위해서는 평소 일상생활에서 불편한 것은 없는지 생각해 보는 습관이 필요합니다. 발명은 불편함 혹은 호기심을 느끼는 것에서부터 시작되기 때문입니다. 이처럼 발명 대회에 참가하여 경험을 쌓다 보면 변리사의 주요 업무인 특허 출원에 대해 쉽게 이해할 수 있습니다.

특허 등록해 보기

　학생이 무료로 특허 등록을 하도록 도와주는 제도가 있습니다. 발명품의 명칭, 발명 동기, 제작 과정, 사용 방법 및 효과 등을 정리한 노트와 재학 증명서를 첨부해 대한변리사회에 제출하면 되는데요. 이러한 절차를 밟아 봄으로써 특허에 대한 이해를 높일 수 있습니다.

특허 기사 모으기

인터넷 뉴스에 특허라는 단어를 치면 하루에도 수십 개씩 새로운 기사가 올라옵니다. 그만큼 전 세계의 기업들이 특허권을 둘러싸고 촉각을 곤두세우는 상황이지요. 자녀와 함께 대표적인 특허 기사를 모으며 실제 이루어지고 있는 특허 관련 상황을 가르쳐 주세요. 다양한 분야에서 이루어지는 특허에 대해 배울 수 있을 것입니다.

추천 사이트

특허청   http://www.kipo.go.kr
특허청 발명교육센터   http://iec.kipo.go.kr
한국지식재산보호협회   http://www.kipra.or.kr
대한변리사회   http://www.kpaa.or.kr
특허심판원   http://www.kipo.go.kr/ipt

돌발퀴즈 정 답

파티시에

23쪽_ 파티시에　　　　　27쪽_ 빵
33쪽_ ❸번　　　　　　　35쪽_ ❷번
37쪽_ ❷번
40쪽(직업 사전)_ 파티시에, 빵, 보람, 정교함, 과학

변리사

51쪽_ 변리사　　　　　　55쪽_ 특허
61쪽_ ❶번　　　　　　　63쪽_ ❶번
65쪽_ ❸번
66쪽(직업 사전)_ 변리사, 특허, 스트레스, 논리·분석력, 과학

사진 자료

플리커(sylvar) 19p(생크림 케이크를 만드는 모습)

연합신문 19p(아침마다 제과점에 진열할 빵을 만드는 파티시에), 19p(케이크에 초콜릿 장식을 하는 파티시에), 23p(새로운 디저트를 개발하기 위해 한자리에 모인 파티시에들)

플리커(betsyweber) 28p(피에르 에르메의 마카롱)

플리커(EverJean) 29p(초콜릿을 전문적으로 다루는 쇼콜라티에)

제주상공회의소 지식재산센터 47p(특허권에 대해 설명 중인 변리사)

뉴스뱅크 47p(특허를 내기 위해 회의 중인 변리사들)

엄정한 47p(기업에서 특허 사례에 대해 강의하는 변리사)

중앙포토 56p(재판 중인 특허 법원)

플리커(Andrew Taylor) 57p(의장권에 해당하는 지우개 달린 연필)